PROJET

DE

PAIX PERPÉTUELLE.

J. B. Pigalle inv.
1761.
C. N. Cochin Sculp.

EXTRAIT

DU PROJET

DE

PAIX PERPÉTUELLE

DE MONSIEUR L'ABBÉ

DE SAINT-PIERRE.

Par J. J. ROUSSEAU, Citoyen de Geneve.

*Tunc genus humanum positis sibi consulat
Inque vicem gens omnis amet.*

M. DCC. LXI.

LETTRE de M. ROUSSEAU à M. DE BASTIDE, Auteur du Monde.

J'AUROIS voulu, Monsieur, pouvoir répondre à l'honnêteté de vos sollicitations, en concourant plus utilement à votre entreprise ; mais vous sçavez ma résolution, & faute de mieux je suis réduit pour vous complaire à tirer de mes anciens barbouillages le morceau ci-joint, comme le moins indigne des regards du Public. Il y a six ans que M. le Comte de Saint-Pierre m'ayant confié les manuscrits de feu M. l'Abbé son oncle, j'avois commencé d'abréger ses écrits afin de les rendre plus commodes à lire, & que ce qu'ils ont d'utile fût plus connu. Mon dessein étoit de publier cet abrégé en deux volumes, l'un desquels eût contenu les extraits des Ouvrages, & l'autre un jugement raisonné sur chaque projet : mais après quelque essai de ce travail, je vis qu'il ne m'étoit pas propre & que je n'y réussirois point. J'abandonnai donc ce dessein, après l'avoir feulement exécuté fur la Paix perpétuelle & fur la *Poly-finodie*. Je vous envoye, Monfieur, le premier de ces extraits, comme un fujet inaugural pour vous qui aimez la paix, & dont les écrits la refpirent. Puiffions-nous la voir bientôt rétablie entre les Puiffances ; car entre les Auteurs on ne l'a jamais vue, & ce n'eft pas aujourd'hui qu'on doit l'efpérer. Je vous falue, Monfieur, de tout mon cœur.

R O U S S E A U.

A Montmorency , le 5 Décembre 1760.

A iij

AVANT-PROPOS
DE M. DE BASTIDE.

IL m'a paru nécessaire de faire réimprimer la Lettre qui précéde, pour ceux qui ne lisoient pas le Monde ; sans cela ils n'auroient pas sçu pourquoi je me trouve aujourd'hui l'Editeur de cet excellent Écrit sur une Paix perpétuelle.

Il est nécessaire également pour ces premiers, & pour mes Lecteurs en particulier, de dire pourquoi cet Écrit, destiné à entrer dans mon Ouvrage périodique, devient un être à part,

& trompe l'espérance de ceux qui s'attendoient à le lire dans ce même ouvrage.

Mon innocence à cet égard ne sera jamais suspecte qu'à ceux qui doutent comme on doit douter d'eux. Une volonté supérieure m'a forcé de manquer à mon engagement ; les raisons ne doivent point s'en expliquer ici ; mais on peut les sçavoir, & elles ne sont pas contre moi.

Contraint de faire imprimer cet Écrit séparement, j'y ai du moins donné tous mes soins, j'ai songé à l'enrichir du burin de M. COCHIN, qui a montré autant d'ardeur pour la gloire de M. Rousseau que de désintéressement & de bonté pour moi; & l'Estampe qu'on voit à la tête est une preuve du zele que m'a inspiré le regret de trahir indispensablement la foi d'un engagement public.

Cette estampe représente le monument que la Ville de Rheims éleve au Roi, & dont le modele vient d'être exécuté avec tant d'applaudissement par M. Pigalle. Cet Artiste a sagement pensé que l'usage ordinaire de mettre des Esclaves au pied de ces statues, a le défaut de ne

point caractériser un regne plus
qu'un autre, & semble devoir
faire croire que nous sommes encore assez plongés dans la barba-
rie pour placer la gloire d'un Roi
dans l'ambition des conquêtes,
plus que dans cette sagesse de
gouvernement qui fait la félicité
des peuples. C'est à quoi M. Pigalle a obvié, en mettant d'un côté
une femme appuyée sur un gou-
vernail, qui de la main droite
conduit un lion sans effort, en le
tenant seulement par quelques
poils de sa criniere. Il représente
par-là allégoriquement la dou-
ceur du gouvernement, la doci-

lité des peuples , & leur atta-
chement pour le Souverain. De
l'autre côté , on voit un Citoyen
paisible & satisfait , goûtant les
douceurs de la tranquillité d'esprit , & de la sûreté dans la possession de ses richesses ; c'est pourquoi il est assis sur des caisses &
des ballots de marchandises , &
on voit un vase d'or & quelques bourses ouvertes à ses pieds.
J'ai cru que le tableau d'un regne paisible , heureux , & par
conséquent immortel , rendroit
plus sensible & plus précieux le
système d'une Paix perpétuelle.
Indépendamment des idées rela-

tives qui m'ont conduit, j'ai voulu réunir trois hommes céle- bres que j'honore, & ici c'est le sentiment qui a parlé.

Par la simplicité du titre il paroîtra d'abord à bien des gens que M. Rousseau n'a ici que le mérite d'avoir fait un bon ex- trait. Qu'on ne s'y trompe point, l'Analiste est ici créateur à bien des égards. J'a senti qu'une partie du Public pourroit s'y tromper, j'ai desiré une autre intitulation. M. Rousseau, plein d'un respect scrupuleux pour la vérité & pour la mémoire d'un des plus vertueux Citoyens qui

aient jamais existé, m'a répon-
du :

  .... " *A l'égard du titre,*
» *je ne puis consentir qu'il soit*
» *changé contre un autre qui*
» *m'approprieroit davantage un*
» *Projet qui ne m'appartient*
» *point. Il est vrai que j'ai vû*
» *l'objet sous un autre point de*
» *vûe que l'Abbé de Saint-*
» *Pierre, & que j'ai quelquefois*
» *donné d'autres raisons que les*
» *siennes. Rien n'empêche que*
» *vous ne puissiez, si vous vou-*
» *lez, en dire un mot dans l'A-*
» *vertissement, pourvu que le*
» *principal honneur demeure*

» toujours à cet homme respec-
» table. » (a)

Je dois me justifier d'avoir supprimé le mot Monsieur au titre de l'Ouvrage. C'est la coutume de M. Rousseau : il suit en cela ses principes ; cependant ces cérémonies font partie de notre politesse, & l'on

(a) Malgré ce noble refus de M. Rousseau, j'avois cru ne devoir pas supprimer les louanges qu'il mérite ; il les a trouvées trop fortes, & en les retranchant dans l'épreuve, voici ce qu'il m'a écrit.... « M. de » Bastide me donne ici tout le mérite de » l'ouvrage, & pour surcroit, celui de l'a- » voir refusé ; cela n'est pas juste. Je ne » suis point modeste, & il y a des louan- » ges auxquelles je suis fort sensible ; au » contraire je suis assez fier pour ne vou- » loir point d'une gloire usurpée, « &c.

doit toujours suivre les usages de son pays, quand ils tiennent aux égards. J'étois donc disposé à bannir toute distinction ; mais dans la même lettre que j'ai reçue de lui, il me prévient & me notifie ses intentions. « Si vous » mettez mon nom, me marque- » t-il, n'allez pas, je vous supplie, » mettre poliment M. Rousseau, » mais J. J. Rousseau, Citoyen » de Geneve, *ni plus, ni moins.* » J'ai dû lui complaire, & tout est dit à cet égard en déclarant que je n'ai fait que ce qu'il a voulu.

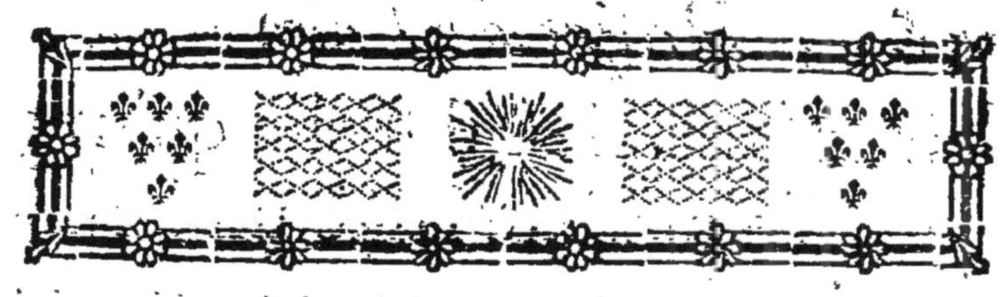

PROJET

DE

PAIX PERPÉTUELLE.

Comme jamais Projet plus grand, plus beau ni plus utile n'occupa l'esprit humain, que celui d'une Paix perpétuelle & universelle entre tous les Peuples de l'Europe, jamais Auteur ne mérita mieux l'attention du Public que celui qui propose des moyens pour mettre ce Projet en exécution. Il eſt même bien difficile qu'une pareille matiere laiſſe un homme ſenſible & vertueux exempt d'un peu d'enthouſiaſme ; & je ne ſçais ſi l'illuſion d'un cœur véritablement humain, à qui ſon zele rend tout facile, n'eſt pas en cela préférable à cette âpre & repouſſante raiſon, qui trouve toujours dans ſon indifférence pour le bien public le premier obſtacle à tout ce qui peut le favoriſer.

Je ne doute pas que beaucoup de Lecteurs ne s'arment d'avance d'incrédulité pour réſiſter au plaiſir de la perſuaſion, & je les plains de prendre ſi triſtement l'entêtement pour la ſageſſe. Mais j'eſpere que quelque ame honnête partagera l'émotion délicieuse avec laquelle je prends la plume sur un sujet si intéressant pour l'humanité. Je vais voir, du moins en idée, les hommes s'unir & s'aimer ; je vais penser à une douce & paisible société de freres, vivans dans une concorde éternelle, tous conduits par les mêmes maximes, tous heureux du bonheur commun ; &, réalisant en moi-même un tableau si touchant, l'image d'une félicité qui n'est point m'en fera goûter quelques instans une véritable.

Je n'ai pû refuser ces premieres lignes au sentiment dont j'étois plein. Tâchons mainte-

nant de raifonner de fens-froid.
Bien réfolu de ne rien avancer
que je ne le prouve, je crois
pouvoir prier le Lecteur à fon
tour de rien nier qu'il ne le
réfute ; car ce ne font pas tant
les raifonneurs que je crains,
que ceux qui, fans fe rendre
aux preuves, n'y veulent rien
objecter.

Il ne faut pas avoir long-
tems médité fur les moyens de
perfectionner un Gouvernement quelconque, pour apper-
cevoir des embarras & des obftacles qui naiffent moins de fá
conftitution que de fes relations
externes ; de forte que la plûpart des foins qu'il faudroit con-
facrer à fa police, on eft con-

traint de les donner à sa sûreté,
& de songer plus à le mettre
en état de résister aux autres
qu'à le rendre parfait en lui-
même. Si l'ordre social étoit ,
comme on le prétend, l'ouvrage
de la raison plutôt que des pas-
sions, eût-on tardé si long-tems
à voir qu'on en a fait trop ou
trop peu pour notre bonheur ;
que chacun de nous étant dans
l'état civil avec ses concitoyens
& dans l'état de nature avec
tout le reste du monde, nous
n'avons prévenu les guerres particulieres que pour en allumer
de générales , qui font mille
fois plus terribles ; & qu'en nous
unissant à quelques hommes ,
nous devenons réellement les

ennemis du genre humain ?

S'il y a quelque moyen de lever ces dangereuses contradictions, ce ne peut être que par une forme de gouvernement confédérative, qui, unissant les Peuples par des liens semblables à ceux qui unissent les individus, soumette également les uns & les autres à l'autorité des Loix. Ce gouvernement paroît d'ailleurs préférable à tout autre, en ce qu'il comprend à-la-fois les avantages des grands & des petits Etats, qu'il est redoutable au-dehors par sa puissance, que les Loix y sont en vigueur, & qu'il est le seul propre à contenir également les Sujets, les Chefs & les Etrangers.

Quoique cette forme pa-
roisse nouvelle à certains égards,
& qu'elle n'ait en effet été bien
entendue que par les Moder-
nes, les Anciens ne l'ont pas
ignorée. Les Grecs eurent leurs
Amphictions, les Etrusques
leurs Lucumonies, les Latins
leurs Féries, les Gaules leurs
Cités, & les derniers soupirs de
la Grece devinrent encore illus-
tres dans la Ligue Achéenne.
Mais nulles de ces confédérations n'approcherent pour la
sagesse de celle du Corps Germanique, de la Ligue Helvé-
tique & des Etats Généraux.
Que si ces Corps politiques sont
encore en si petit nombre &
si loin de la perfection dont on

sent qu'ils seroient susceptibles,
c'est que le mieux ne s'exécute
pas comme il s'imagine, &
qu'en Politique ainsi qu'en Morale, l'étendue de nos connoissances ne prouve gueres que la
grandeur de nos maux.

Outre ces confédérations publiques, il s'en peut former tacitement d'autres moins apparentes & non moins réelles, par
l'union des intérêts, par le rapport des maximes, par la conformité des coutumes, ou par
d'autres circonstances qui laissent subsister des relations communes entre des Peuples divisés. C'est ainsi que toutes les
Puissances de l'Europe forment
entre elles une sorte de systême

qui les unit par une même religion, par un même droit des
gens, par les mœurs, par les
lettres, par le commerce, &
par une sorte d'équilibre qui est
l'effet nécessaire de tout cela,
& qui, sans que personne songe
en effet à le conserver, ne seroit pourtant pas si facile à rompre que le pensent beaucoup de
gens.

Cette société des Peuples de
l'Europe n'a pas toujours existé,
& les causes particulieres qui
l'ont fait naître servent encore
à la maintenir. En effet, avant
les conquêtes des Romains,
tous les Peuples de cette partie
du monde, barbares & incon-
nus les uns aux autres, n'avoient

rien de commun que leur qualité d'hommes, qualité qui,
ravallée alors par l'esclavage,
ne différoit guere dans leur esprit de celle de brute. Aussi les
Grecs, raisonneurs & vains,
distinguoient-ils, pour ainsi
dire, deux especes dans l'humanité; dont l'une, sçavoir la leur,
étoit faite pour commander; &
l'autre, qui comprenoit tout le
reste du monde, uniquement
pour servir. De ce principe, il
résultoit qu'un Gaulois ou un
Ibére n'étoit rien de plus pour
un Grec que n'eût été un Caf-
fre ou un Américain, & les
Barbares eux-mêmes n'avoient
pas plus d'affinité entre eux que
n'en avoient les Grecs avec les
uns & les autres. Mais

Mais quand ce Peuple, souverain par nature, eût été soumis aux Romains ſes eſclaves, & qu'une partie de l'hémiſphere connu eût ſubi le même joug, il ſe forma une union politique & civile entre tous les membres d'un même Empire; cette union fut beaucoup reſſerrée par la maxime, ou très-ſage ou très-inſenſée, de communiquer aux vaincus tous les droits des vainqueurs, & ſur-tout par le fameux Decret de Claude, qui incorporoit tous les Sujets de Rome au nombre de ſes Citoyens.

A la chaîne politique qui réuniſſoit ainſi tous les membres en un corps, ſe joignirent

B

les inftitutions civiles & les loix qui donnerent une nouvelle force à ces liens, en déterminant d'une maniere équitable, claire & précife, du moins autant qu'on le pouvoit dans un fi vafte Empire, les devoirs & les droits réciproques du Prince & des Sujets, & ceux des Citoyens entre eux. Le Code de Théodofe, & enfuite les Livres de Juftinien furent une nouvelle chaîne de juftice & de raifon fubftituée à-propos à celle du pouvoir fouverain, qui fe relâchoit très-fenfible- ment. Ce fupplément retarda beaucoup la diffolution de l'Em- pire, & lui conferva long-tems une forte de jurifdiction fur les

Barbares mêmes qui le déso-
loient.

Un troisieme lien, plus fort
que les précédens, fut celui de
la Religion, & l'on ne peut nier
que ce ne soit sur-tout au Christianisme que l'Europe doit encore aujourd'hui l'espece de société qui s'est perpétuée entre
ses membres ; tellement que
celui de ces membres qui n'a
point adopté sur ce point le
sentiment des autres, est toujours demeuré comme étranger
parmi eux. Le Christianisme,
si méprisé à sa naissance, servit
enfin d'asyle à ses détracteurs.
Après l'avoir si cruellement &
si vainement persécuté, l'Empire Romain y trouva les res-

fources qu'il n'avoit plus dans fes forces; fes miffions lui va-loient mieux que des victoires; il envoyoit des Evêques réparer les fautes de fes Généraux, & triomphoit par fes Prêtres quand fes Soldats étoient battus. C'eft ainfi que les Francs, les Goths, les Bourguignons, les Lombards, les Avares & mille autres reconnurent enfin l'autorité de l'Empire après l'avoir fubjugué, & reçurent, du moins en apparence, avec la Loi de l'Evangile celle du Prince qui la leur faifoit annoncer.

Tel étoit le refpect qu'on portoit encore à ce grand Corps expirant, que jufqu'au dernier inftant fes deftructeurs s'hono-

roient de ses titres ; on voyoit
devenir Officiers de l'Empire,
les mêmes Conquérans qui l'a-
voient avili ; les plus grands
Rois accepter, briguer même
les honneurs Patriciaux, la Pré-
fecture, le Consulat ; &, comme un lion qui flatte l'homme
qu'il pourroit dévorer , on
voyoit ces Vainqueurs terribles
rendre hommage au Trône Im-
périal, qu'ils étoient maîtres de
renverser.

Voilà comment le Sacer-
doce & l'Empire ont formé le
lien social de divers Peuples,
qui, sans avoir aucune com-
munauté réelle d'intérêts de
droits ou de dépendance, en
avoient une de maximes & d'o-

pinions, dont l'influence eſt encore demeurée, quand le principe a été détruit. Le ſimulacre antique de l'Empire Romain a continué de former une ſorte de liaiſon entre les Membres qui l'avoient compoſé; & Rome ayant dominé d'une autre maniere après la deſtruction de l'Empire, il eſt reſté de ce double lien (*a*) une ſociété plus étroite entre les Nations de l'Europe, où étoit le centre des deux Puiſſances,

(*a*) Le reſpect pour l'Empire Romain a tellement ſurvécu à ſa puiſſance, que bien des Juriſconſultes ont mis en queſtion ſi l'Empereur d'Allemagne n'étoit pas le Souverain naturel du monde; & Bartole a pouſſé les choſes juſqu'à traiter d'hérétique quiconque oſoit en douter.

que dans les autres Parties du monde, dont les divers Peuples, trop épars pour se correspondre, n'ont de plus aucun point de réunion.

Joignez à cela la situation particuliere de l'Europe, plus également peuplée, plus également fertile, mieux réunie en toutes ses parties ; le mélange continuel des intérêts que les liens du sang & les affaires du commerce des arts des colonies ont mis entre les Souverains ; la multitude des rivieres & la variété de leur cours, qui rend toutes les communications faciles ; l'humeur inconstante des Habitans, qui les porte à voyager sans cesse

& à se transporter fréquem-
ment les uns chez les autres ;
l'invention de l'Imprimerie &
le goût général des Lettres, qui
a mis entre eux une commu-
nauté d'études & de connoif-
fances ; enfin la multitude &
la petitesse des Etats, qui,
jointe aux besoins du luxe &
à la diversité des climats, rend
les uns toujours nécessaires aux
autres. Toutes ces causes réu-
nies forment de l'Europe, non-
seulement comme l'Asie ou
l'Afrique, une idéale collec-
tion de Peuples qui n'ont de
commun qu'un nom, mais une
société réelle qui a sa Religion, ses mœurs, ses coutumes
& même ses loix, dont aucun

dés Peuples qui la compofent ne peut s'écarter fans caufer auffi-tôt des troubles.

A voir, d'un autre côté, les diffentions perpétuelles, les brigandages, les ufurpations, les révoltes, les guerres, les meurtres, qui défolent journellement ce refpectable féjour des Sages, ce brillant afyle des Sciences & des Arts; à confidérer nos beaux difcours & nos procédés horribles, tant d'humanité dans les maximes & de cruauté dans les actions, une Religion fi douce & une fi fanguinaire intolérance, une Politique fi fage dans les Livres & fi dure dans la pratique, des Chefs fi bienfaifans & des Peu-

B v

ples fi misérables, des Gouvernemens fi modérés & des guerres fi cruelles : on fait à peine comment concilier ces étranges contrariétés ; & cette fraternité prétendue des Peuples de l'Europe ne femble être qu'un nom de dérifion, pour exprimer avec ironie leur mutuelle animofité.

Cependant les chofes ne font que fuivre en cela leur cours naturel ; toute fociété fans loix ou fans Chefs, toute union formée ou maintenue par le hafard, doit néceffairement dégénérer en querelle & diffention à la premiere circonftance qui vient à changer ; l'antique union des Peuples de

l'Europe a compliqué leurs intérêts & leurs droits de mille
manieres ; ils se touchent par
tant de points, que le moindre
mouvement des uns ne peut
manquer de choquer les autres ;
leurs divisions sont d'autant
plus funestes, que leurs liaisons
sont plus intimes ; & leurs fré-
quentes querelles ont presque
la cruauté des guerres civiles.

Convenons donc que l'état
relatif des Puissances de l'Europe est proprement un état
de guerre, & que tous les Traités partiels entre quelques-unes
de ces Puissances sont plutôt
des Trèves passageres que de
véritables Paix ; soit parce que
ces Traités n'ont point com-

munément d'autres garans que les Parties contractantes, soit parce que les droits des unes & des autres n'y sont jamais décidés radicalement, & que ces droits mal éteints, ou les prétentions qui en tiennent lieu entre des Puissances qui ne reconnoissent aucun Supérieur, seront infailliblement des sources de nouvelles guerres, si-tôt que d'autres circonstances auront donné de nouvelles forces aux Prétendans.

D'ailleurs, le Droit public de l'Europe n'étant point établi ou autorisé de concert, n'ayant aucuns principes généraux, & variant incessamment selon les tems & les lieux, il est plein

de regles contradictoires qui ne
se peuvent concilier que par le
droit du plus fort; de sorte que
la raison sans guide assuré, se
pliant toujours vers l'intérêt
personnel dans les choses dou-
teuses, la guerre seroit encore
inévitable, quand même chacun voudroit être juste. Tout
ce qu'on peut faire avec de
bonnes intentions, c'est de dé-
cider ces sortes d'affaires par la
voie des armes, ou de les assou-
pir par des Traités passagers;
mais bientôt aux occasions qui
raniment les mêmes querelles,
il s'en joint d'autres qui les mo-
difient; tout s'embrouille, tout
se complique; on ne voit plus
rien au fond des choses; l'usur-

pation paſſe pour droit, la foi-
bleſſe pour injuſtice ; & parmi
ce deſordre continuel, chacun
ſe trouve inſenſiblement ſi fort
déplacé, que ſi l'on pouvoit
remonter au droit ſolide & pri-
mitif, il y auroit peu de Souverains en Europe qui ne duſ-
ſent rendre tout ce qu'ils ont.

Une autre ſemence de guerre,
plus cachée & non moins réelle, c'eſt que les choſes ne chan-
gent point de forme en chan-
geant de nature ; que des Etats
héréditaires en effet, reſtent
électifs en apparence ; qu'il y
ait des Parlemens ou Etats na-
tionaux dans des Monarchies,
des Chefs héréditaires dans des
Républiques; qu'une Puiſſance

dépendante d'une autre, con-
ferve encore une apparence de
liberté; que tous les Peuples,
foumis au même pouvoir, ne
foient pas gouvernés par les
mêmes loix; que l'ordre de fuc-
ceffion foit différent dans les
divers Etats d'un même Souverain; enfin que chaque Gouvernement tende toujours à
s'altérer, fans qu'il foit poffible
d'empêcher ce progrès. Voilà
les caufes générales & particulieres qui nous uniffent pour
nous détruire, & nous font
écrire une fi belle doctrine fo-
ciale avec des mains toujours
teintes de fang humain.

Les caufes du mal étant une
fois connues, le remede, s'il

existe, est suffisamment indiqué par elles. Chacun voit que toute société se forme par les intérêts communs; que toute division naît des intérêts opposés; que mille événemens fortuits pouvant changer & modifier les uns & les autres, dès qu'il y a société, il faut nécessairement une force coactive, qui ordonne & concerte les mouvemens de ses Membres, afin de donner aux communs intérêts & aux engagemens réciproques, la solidité qu'ils ne sauroient avoir par eux-mêmes.

Ce seroit d'ailleurs une grande erreur, d'espérer que cet état violent pût jamais changer par la seule force des chofes, & fans le fecours de l'art. Le fyftême de l'Europe a précifément le degré de folidité qui peut la maintenir dans une agitation perpétuelle, fans la renverfer tout-à-fait; & fi nos maux ne peuvent augmenter, ils peuvent encore moins finir, parce que toute grande révolution eft déformais impoffible.

Pour donner à ceci l'évidence néceffaire, commençons par jetter un coup-d'œil général fur l'état préfent de l'Europe. La fituation des montagnes, des mers & des fleuves qui fervent de bornes aux Nations qui l'habitent, femble avoir décidé du nombre & de la grandeur de ces Nations; &

l'on peut dire que l'ordre politique de cette Partie du monde
eſt, à certains égards, l'ouvrage
de la Nature.

En effet, ne penſons pas que
cet équilibre ſi vanté ait été
établi par perſonne, & que perſonne ait rien fait à deſſein de
le conſerver : on trouve qu'il
exiſte ; & ceux qui ne ſentent
pas en eux – mêmes aſſez de
poids pour le rompre, cou-
vrent leurs vues particulieres
du prétexte de le ſoutenir. Mais
qu'on y ſonge ou non, cet
équilibre ſubſiſte, & n'a beſoin
que de lui-même pour ſe conſerver, ſans que perſonne s'en
mêle ; & quand il ſe romproit
un moment d'un côté, il ſe ré-

tabliroit bientôt d'un autre : de
forte que fi les Princes qu'on
accufoit d'afpirer à la Monar-
chie univerfelle, y ont réellement afpiré, ils montroient en
cela plus d'ambition que de
génie; car comment envifager
un moment ce projet, fans en
voir auffi-tôt le ridicule? Comment ne pas fentir qu'il n'y a
point de Potentat en Europe
affez fupérieur aux autres, pour
pouvoir jamais en devenir le
maître? Tous les Conquérans
qui ont fait des révolutions, fe
préfentoient toujours avec des
forces inattendues, ou avec des
troupes étrangeres & différem-
ment aguerries, à des Peuples
ou défarmés, ou divifés, ou

fans difcipline ; mais où pren-
droit un Prince Européen des
forces inattendues, pour acca-
bler tous les autres, tandis que
le plus puiffant d'entr'eux eft
une fi petite partie du tout, &
qu'ils ont de concert une fi
grande vigilance ? Aura-t-il
plus de troupes qu'eux tous ?
Il ne le peut, ou n'en fera que
plutôt ruiné ; ou fes troupes feront plus mauvaifes, en raifon
de leur plus grand nombre. En
aura-t-il de mieux aguerries ?
Il en aura moins à proportion.
D'ailleurs la difcipline eft par-
tout à-peu-près la même, ou
le deviendra dans peu. Aura-
t-il plus d'argent ? Les fources
en font communes, & jamais

l'argent ne fit de grandes conquêtes. Fera-t-il une invasion
subite? La famine ou des pla-
ces fortes l'arrêteront à chaque
pas. Voudra-t-il s'agrandir
pied-à-pied? il donne aux ennemis le moyen de s'unir pour
résister; le tems, l'argent & les
hommes ne tarderont pas à lui
manquer. Divisera-t-il les autres Puissances pour les vaincre
l'une par l'autre? Les maximes
de l'Europe rendent cette Politique vaine; & le Prince le
plus borné ne donneroit pas
dans ce piege. Enfin, aucun
d'eux ne pouvant avoir de res-
sources exclusives, la résistance
est, à la longue, égale à l'effort; & le tems rétablit bien-

tôt les brusques accidens de la
fortune, sinon pour chaque
Prince en particulier, au moins
pour la constitution générale.

Veut-on maintenant suppo-
ser à plaisir l'accord de deux ou
trois Potentats pour subjuguer
tout le reste ? Ces trois Potentats, quels qu'ils soient, ne feront pas ensemble la moitié de
l'Europe. Alors l'autre moitié
s'unira certainement contre
eux; ils auront donc à vaincre
plus fort qu'eux-mêmes. J'a-
joute que les vues des uns sont
trop opposées à celles des autres, & qu'il regne une trop
grande jalousie entre eux, pour
qu'ils puissent même former un
semblable projet : j'ajoute en-

core que, quand ils l'auroient formé, qu'ils le mettroient en exécution, & qu'il auroit quelques succès, ces succès mêmes seroient, pour les Conquérans alliés, des semences de discorde; parce qu'il ne seroit pas possible que les avantages fussent tellement partagés, que chacun se trouvât également satisfait des siens; & que le moins heureux s'opposeroit bientôt aux progrès des autres qui, par une semblable raison, ne tarderoient pas à se diviser eux-mêmes. Je doute que depuis que le monde existe, on ait jamais vu trois ni même deux grandes Puissances, bien unies, en subjuguer d'autres,

fans fe brouiller fur les contin-
gens ou fur les partages, & fans
donner bientôt, par leur mé-
fintelligence, de nouvelles reffources aux foibles. Ainfi, quelque fuppofition qu'on faffe, il
n'eft pas vraifemblable que ni
Prince, ni Ligue, puiffe déformais changer confidérablement
& à demeure, l'état des chofes
parmi nous.

Ce n'eft pas à dire que les
Alpes, le Rhin, la Mer, les
Pyrénées foient des obftacles
infurmontables à l'ambition ;
mais ces obftacles font foute-
nus par d'autres qui les fortifient, ou ramenent les Etats
aux mêmes limites, quand des
efforts paffagers les en ont écar-
tés.

tés. Ce qui fait le vrai foutien du fyftême de l'Europe, c'eft bien en partie le jeu des négociations, qui prefque toujours fe balancent mutuellement ; mais ce fyftême a un autre appui plus folide encore ; & cet appui c'eft le Corps Germanique, placé prefque au centre de l'Europe, lequel en tient toutes les autres parties en refpect, & fert peut-être encore plus au maintien de fes Voifins, qu'à celui de fes propres Membres : Corps redoutable aux Etrangers, par fon étendue, par le nombre & la valeur de fes Peuples ; mais utile à tous par fa conftitution, qui, lui ôtant les moyens & la volonté de rien conqué-

C

rir, en fait l'écueil des Conquérans. Malgré les défauts de cette constitution de l'Empire, il est certain que tant qu'elle subsistera, jamais l'équilibre de l'Europe ne sera rompu, qu'aucun Potentat n'aura à craindre d'être détrôné par un autre, & que le Traité de Westphalie sera peut-être à jamais parmi nous la base du systême politique. Ainsi le Droit public, que les Allemands étudient avec tant de soin, est encore plus important qu'ils ne pensent, & n'est pas seulement le Droit public Germanique, mais, à certains égards, celui de toute l'Europe.

Mais si le présent systême est inébranlable, c'est en cela

même qu'il est plus orageux ;
car il y a, entre les Puissances
Européennes, une action &
une réaction qui, sans les dé-
placer tout - à - fait, les tient
dans une agitation continuelle;
& leurs efforts sont toujours
vains & toujours renaissans,
comme les flots de la mer, qui
sans cesse agitent sa surface,
sans jamais en changer le ni-
veau ; de sorte que les Peuples
sont incessamment désolés, sans
aucun profit sensible pour les
Souverains.

Il me seroit aisé de déduire
la même vérité des intérêts particuliers de toutes les Cours
de l'Europe; car je ferois voir
aisément que ces intérêts se

croisent de maniere à tenir
toutes leurs forces mutuellement en respect; mais les idées
de commerce & d'argent ayant
produit une espece de fanatis-
me politique, font si prompte-
ment changer les intérêts ap-
parens de tous les Princes,
qu'on ne peut établir aucune
maxime stable sur leurs vrais
intérêts, parce que tout dépend maintenant des systêmes
économiques, la plûpart fort
bizarres, qui passent par la tête
des Ministres. Quoi qu'il en
soit, le Commerce, qui tend
journellement à se mettre en
équilibre, ôtant à certaines
Puissances l'avantage exclusif
qu'elles en tiroient, leur ôte
en même tems un des grands

moyens qu'elles avoient de faire la loi aux autres. (*a*)

Si j'ai insisté sur l'égale distribution de force, qui résulte en Europe de la constitution actuelle, c'étoit pour en déduire une conséquence importante à l'établissement d'une association générale ; car pour former une confédération so-

---

(*a*) Les choses ont changé depuis que j'écrivois ceci ; mais mon principe sera toujours vrai. Il est, par exemple, très-aisé de prévoir que dans vingt ans d'ici, l'Angleterre, avec toute sa gloire, sera ruinée, & de plus aura perdu le reste de sa liberté. Tout le monde assure que l'agriculture fleurit dans cette Isle, & moi je parie qu'elle y dépérit. Londres s'agrandit tous les jours ; donc le Royaume se dépeuple. Les Anglois veulent être conquérans ; donc ils ne tarderont pas d'être esclaves.

lide & durable, il faut en mettre tous les Membres dans une dépendance tellement mutuelle, qu'aucun ne soit seul en état de réfister à tous les autres, & que les affociations particulieres qui pourroient nuire à la grande, y rencontrent des obftacles fuffifans pour empêcher leur exécution : fans quoi, la confédération feroit vaine ; & chacun feroit réellement indépendant, fous une apparente fujétion. Or, fi ces obftacles font tels que j'ai dit ci-devant, maintenant que toutes les Puiffances font dans une entiere liberté de former entre elles des Ligues & des Traités offenfifs, qu'on juge de ce qu'ils feroient quand il y auroit une grande

Ligue armée, toujours prête à prévenir ceux qui voudroient entreprendre de la détruire ou de lui résister. Ceci suffit pour montrer qu'une telle association ne consisteroit pas en délibérations vaines, auxquelles chacun pût résister impunément ; mais qu'il en naîtroit une puissance effective, capable de forcer les ambitieux à se tenir dans les bornes du Traité général.

Il résulte de cet exposé, trois vérités incontestables. L'une, qu'excepté le Turc, il regne entre tous les Peuples de l'Europe, une liaison sociale imparfaite, mais plus étroite que les nœuds généraux & lâches de l'humanité. La seconde, que l'imperfection de cette société rend la condition de ceux qui la composent, pire que la privation de toute société entre eux. La troisieme, que ces premiers liens, qui rendent cette société nuisible, la rendent en même tems facile à perfectionner ; ensorte que tous ses Membres pourroient tirer leur bonheur de ce qui fait actuellement leur misere, & changer en une paix éternelle, l'état de guerre qui regne entre eux.

Voyons maintenant de quelle maniere ce grand ouvrage , commencé par la fortune, peut être achevé par la raison ; & comment la société libre & volontaire, qui unit tous les Etats

Européens, prenant la force & la solidité d'un vrai Corps politique, peut se changer en une confédération réelle. Il est indubitable qu'un pareil établissement donnant à cette association la perfection qui lui manquoit, en détruira l'abus, en étendra les avantages, & forcera toutes les parties à concourir au bien commun ; mais il faut pour cela que cette confédération soit tellement générale, que nulle Puissance considérable ne s'y refuse ; qu'elle ait un Tribunal judiciaire, qui puisse établir les loix & les réglemens qui doivent obliger tous les Membres ; qu'elle ait une force coactive & coërcitive, pour

C v.

contraindre chaque Etat de se soumettre aux délibérations communes, soit pour agir, soit pour s'abstenir ; enfin, qu'elle soit ferme & durable, pour empêcher que les Membres ne s'en détachent à leur volonté, si-tôt qu'ils croiront voir leur intérêt particulier contraire à l'intérêt général. Voilà les signes certains, auxquels on reconnoîtra que l'institution est sage utile & inébranlable : il s'agit maintenant d'étendre cette supposition, pour chercher par analyse, quels effets doivent en résulter, quels moyens sont propres à l'établir, & quel espoir raisonnable on peut avoir de la mettre en exécution.

Il se forme de tems en tems parmi nous des especes de Dietes générales sous le nom de congrès, où l'on se rend solemnellement de tous les Etats de l'Europe pour s'en retourner de même ; où l'on s'assemble pour ne rien dire ; où toutes les affaires publiques se traitent en particulier ; où l'on délibere en commun si la table sera ronde ou quarrée, si la salle aura plus ou moins de portes, si un tel Plénipotentiaire aura le visage ou le dos tourné vers la fenêtre, si tel autre fera deux pouces de chemin de plus ou de moins dans une visite, & sur mille questions de pareille importance, inutilement agitées depuis trois siecles, & très-dignes assûrément d'occuper les Politiques du nôtre.

Il se peut faire que les Membres d'une de ces assemblées soient une fois doués du sens commun ; il n'est pas même impossible qu'ils veuillent sincerement le bien public ; & par les raisons qui seront ci - après déduites, on peut concevoir encore qu'après avoir applani bien des difficultés, ils auront ordre de leurs Souverains respectifs, de signer la confédération générale que je suppose sommairement contenue dans les cinq Articles suivans.

Par le premier, les Souverains contractans établiront entre eux une alliance perpétuelle & irrévocable, & nommeront des Plénipotentiaires pour tenir dans un lieu déterminé, une Diete ou un Congrès permanent, dans lequel tous les différends des Parties contractantes feront réglés & terminés par voies d'arbitrage ou de jugement.

Par le second, on spécifiera le nombre des Souverains dont les Plénipotentiaires auront voix à la Diete, ceux qui feront invités d'accéder au Traité ; l'ordre, le tems & la maniere, dont la préfidence paffera de l'un à l'autre par intervalles égaux ; enfin la quotité relative des contributions, &

la maniere de les lever, pour
fournir aux dépenfes com-
munes.

Par le troifieme, la confédération garantira à chacun de
fes Membres la poffeffion & le
gouvernement de tous les Etats
qu'il poffede actuellement, de
même que la fucceffion élec-
tive ou héréditaire, felon que
le tout eft établi par les loix
fondamentales de chaque pays;
& pour fupprimer tout-d'un-
coup la fource des démêlés qui
renaiffent inceffamment, on
conviendra de prendre la poffeffion actuelle & les derniers
Traités pour bafe de tous les
droits mutuels des Puiffances
contractantes; renonçant pour

jamais & réciproquement à toute autre prétention anté-rieure ; sauf les successions fu-tures contentieuses, & autres droits à écheoir, qui seront tous réglés à l'arbitrage de la Diete, sans qu'il soit permis de s'en faire raison par voies de fait, ni de prendre jamais les armes l'un contre l'autre, sous quelque prétexte que ce puisse être.

Par le quatrieme, on spéci-fiera les cas où tout Allié, in-fracteur du Traité, seroit mis au ban de l'Europe, & pros-crit comme ennemi public ; savoir, s'il refusoit d'exécuter les jugemens de la grande Al-liance, qu'il fît des préparatifs de guerre, qu'il négociât des Traités contraires à la confédération, qu'il prît les armes pour lui résister, ou pour attaquer quelqu'un des Alliés.

Il sera encore convenu par le même Article, qu'on armera & agira offensivement, conjointement & à frais communs, contre tout Etat au ban de l'Europe, jusqu'à ce qu'il ait mis bas les armes, exécuté les jugemens & réglemens de la Diete, réparé les torts, remboursé les frais, & fait raison même des préparatifs de guerre, contraires au Traité.

Enfin, par le cinquieme, les Plénipotentiaires du Corps Européen auront toujours le pouvoir de former dans la Diete, à la pluralité des voix pour la provision, & aux trois quarts des voix cinq ans après pour la définitive, fur les inftructions de leurs Cours, les réglemens qu'ils jugeront importans pour procurer à la République Européenne & à chacun de fes Membres, tous les avantages poffibles ; mais on ne pourra jamais rien changer à ces cinq Articles fondamentaux, que du confentement unanime des Confédérés.

Ces cinq Articles, ainfi abrégés & couchés en regles générales, font, je n'ignore pas, fujets à mille petites difficultés, dont plufieurs demanderoient

de longs éclairciſſemens ; mais
les petites difficultés ſe levent
aiſément au beſoin ; & ce n'eſt
pas d'elles qu'il s'agit dans une
entrepriſe de l'importance de
celle-ci. Quand il ſera queſtion du détail de la police du
Congrès , on trouvera mille
obſtacles , & dix mille moyens
de les lever. Ici il eſt queſtion
d'examiner , par la nature des
choſes , ſi l'entrepriſe eſt poſſi-
ble ou non. On ſe perdroit dans
des volumes de riens , s'il fal-
loit tout prévoir & répondre à
tout. En ſe tenant aux principes inconteſtables , on ne doit
pas vouloir contenter tous les
eſprits , ni réſoudre toutes les
objections , ni dire comment

tout se fera : il suffit de montrer que tout se peut faire.

Que faut-il donc examiner
pour bien juger de ce système?
Deux questions seulement ; car
c'est une insulte que je ne veux
pas faire au lecteur , de lui
prouver qu'en général l'état de
Paix est préférable à l'état de
Guerre.

La premiere question est , si
la confédération proposée iroit
sûrement à son but , & seroit
suffisante pour donner à l'Europe une Paix solide & perpétuelle.

La seconde , s'il est de l'intérêt des Souverains d'établir
cette confédération , & d'ache-
ter une Paix constante à ce prix.

Quand l'utilité générale & particuliere sera ainsi démontrée, on ne voit plus dans la raison des chofes, quelle caufe pourroit empêcher l'effet d'un établiſſement qui ne dépend que de la volonté des Intéreſſés.

Pour difcuter d'abord le premier article, appliquons ici ce que j'ai dit ci-devant du fyftême général de l'Europe, & de l'effort commun qui circonfcrit chaque Puiſſance à-peu-près dans fes bornes, & ne lui permet pas d'en écrafer entierement d'autres. Pour rendre fur ce point mes raifonnemens plus fenfibles, je joins ici la lifte des dix - neuf Puiſſances

qu'on suppose composer la République Européenne ; ensorte
que chacune ayant voix égale,
il y auroit dix-neuf voix dans la
Diete ;

Sçavoir :

L'Empereur des Romains.
L'Empereur de Ruſſie.
Le Roi de France,
Le Roi d'Eſpagne,
Le Roi d'Angleterre.
Les Etats Généraux.
Le Roi de Dannemarck,
La Suede.
La Pologne.
Le Roi de Portugal.
Le Souverain de Rome,
Le Roi de Pruſſe.
L'Electeur de Baviere & ſes
Co-aſſociés.

L'Electeur Palatin & ses Co-associés.

Les Suisses & leurs Co-associés.

Les Electeurs Ecclésiastiques & leurs Associés.

La République de Venise & ses Co-associés.

Le Roi de Naples.

Le Roi de Sardaigne.

Plusieurs Souverains moins considérables, tels que la République de Gênes, les Ducs de Modene & de Parme, & d'autres étant omis dans cette liste, seront joints aux moins puissans, par forme d'association, & auront avec eux un droit de suffrage, semblable au *votum curiatum* des Comtes de l'Empire. Il est inutile de rendre ici cette énumeration plus précise, parce que, jusqu'à l'exécution du projet, il peut survenir d'un moment à l'autre des accidens sur lesquels il la faudroit réformer, mais qui ne changeroient rien au fond du systême.

Il ne faut que jetter les yeux sur cette liste, pour voir avec la derniere évidence, qu'il n'est pas possible, ni qu'aucune des Puissances qui la composent soit en état de résister à toutes les autres unies en corps, ni qu'il s'y forme aucune Ligue partielle, capable de faire tête à la grande confédération.

Car comment se feroit cette

Ligue? Seroit-ce entre les plus Puiſſans? Nous avons montré qu'elle ne ſçauroit être durable; & il eſt bien aiſé maintenant de voir encore qu'elle eſt incompatible avec le ſyſtême particulier de chaque grande Puiſſance, & avec les intérêts inſéparables de ſa conſtitution. Seroit-ce entre un grand Etat & pluſieurs petits? Mais les autres grands Etats, unis à la confédération, auront bientôt écraſé la Ligue : Et l'on doit ſentir que la grande alliance étant toujours unie & armée, il lui ſera facile, en vertu du quatrieme article, de prévenir & d'étouffer d'abord toute alliance partielle & ſéditieuſe,

qui

qui tendroit à troubler la Paix & l'ordre public. Qu'on voye ce qui se passe dans le Corps Germanique, malgré les abus de sa Police, & l'extrême iné-galité de ses Membres : y en a-t-il un seul, même parmi les plus Puissans, qui osât s'exposer au ban de l'Empire, en bles-sant ouvertement sa constitu-tion, à moins qu'il ne crût avoir de bonnes raisons de ne point craindre que l'Empire voulût agir contre lui tout de bon ?

Ainsi je tiens pour démon-tré que la Diete Européenne une fois établie, n'aura jamais de rébellion à craindre, & que bien qu'il s'y puisse introduire

D

quelques abus, ils ne peuvent jamais aller jufqu'à éluder l'objet de l'inftitution. Refte à voir fi cet objet fera bien rempli par l'inftitution même.

Pour cela, confidérons les motifs qui mettent aux Princes les armes à la main. Ces motifs font, ou de faire des conquêtes, ou de fe défendre d'un Conquérant, ou d'affoiblir un trop puiffant voifin, ou de foutenir fes droits attaqués, ou de vuider un différend qu'on n'a pu terminer à l'amiable, ou enfin de remplir les engagemens d'un traité. Il n'y a ni caufe ni prétexte de guerre qu'on ne puiffe ranger fous quelqu'un de ces fix chefs; or, il est évident qu'aucun des six ne peut exister dans ce nouvel état de choses.

Premierement, il faut renoncer aux conquêtes, par l'impossibilité d'en faire, attendu qu'on est sûr d'être arrêté dans son chemin par de plus grandes forces que celles qu'on peut avoir ; de sorte qu'en risquant de tout perdre, on est dans l'impuissance de rien gagner. Un Prince ambitieux qui veut s'agrandir en Europe, fait deux choses. Il commence par se fortifier de bonnes alliances, puis il tâche de prendre son ennemi au dépourvu. Mais les alliances particulieres ne serviroient de rien contre une allian-

ce plus forte , & toujours ſub-
ſiſtante ; & nul Prince n'ayant
plus aucun prétexte d'armer ,
il ne ſauroit le faire ſans être
apperçu prévenu & puni par la
confédération toujours armée.

La même raiſon qui ôte à
chaque Prince tout eſpoir de
conquêtes , lui ôte en même
tems toute crainte d'être atta-
qué ; & non - ſeulement ſes
Etats garantis par toute l'Europe , lui ſont auſſi aſſurés
qu'aux citoyens leurs poſſeſ-
ſions dans un Pays bien policé,
mais plus que s'il étoit leur uni-
que & propre défenſeur , dans
le même rapport que l'Europe
entiere eſt plus forte que lui
ſeul,

On n'a plus de raison de vouloir affoiblir un voisin, dont on n'a plus rien à craindre; & l'on n'en est pas même tenté, quand on n'a nul espoir de réussir.

A l'égard du soutien de ses droits, il faut d'abord remarquer qu'une infinité de chicanes & de prétentions obscures & embrouillées, seront toutes anéanties par le troisieme article de la confédération, qui regle définitivement tous les droits réciproques des Souverains alliés sur leur actuelle possession. Ainsi toutes les demandes & prétentions possibles deviendront claires à l'avenir, & seront jugées dans la Diete, à

meſure qu'elles pourront naître : ajoutez que ſi l'on attaque
mes droits, je dois les ſoutenir par la même voie. Or, on
ne peut les attaquer par les armes, ſans encourir le ban de
la Diete. Ce n'eſt donc pas non
plus par les armes que j'ai beſoin de les défendre ; on doit
dire la même choſe des inju-
res, des torts, des réparations,
& de tous les différends impré-
vus qui peuvent s'élever entre
deux Souverains ; & le même
pouvoir qui doit défendre leurs
droits, doit auſſi redreſſer leurs
griefs.

Quant au dernier article,
la ſolution ſaute aux yeux. On
voit d'abord que n'ayant plus

d'aggreffeur à craindre, on n'a plus befoin de traité défenfif, & que comme on n'en fçauroit faire de plus folide & de plus fûr que celui de la grande confédération, tout autre feroit inutile, illégitime, & par conféquent nul.

Il n'eft donc pas poffible que la confédération une fois établie, puiffe laiffer aucune femence de guerre entre les conféderés, & que l'objet de la Paix perpétuelle ne foit exactement rempli par l'exécution du fyftême propofé.

Il nous refte maintenant à examiner l'autre queftion qui regarde l'avantage des parties contractantes; car on fent bien que vainement feroit-on parler l'intérêt public au préjudice de l'intérêt particulier. Prouver que la Paix est en général préférable à la guerre, c'est ne rien dire à celui qui croit avoir des raisons de préférer la guerre à la Paix; & lui montrer les moyens d'établir une Paix durable, ce n'est que l'exciter à s'y opposer.

En effet, dira-t-on, vous ôtez aux Souverains le droit de se faire justice à eux-mêmes, d'être injustes quand il leur plaît; vous leur ôtez le pouvoir de s'agrandir; vous les faites renoncer à cet appareil de puissance & de terreur, dont ils aiment à effrayer le monde,

à cette gloire des conquêtes,
dont ils tirent leur honneur;
enfin vous les forcez d'être
équitables & pacifiques. Quels
feront les dédommagemens de
tant de privations?

Je n'oferois répondre avec
l'Abbé de Saint-Pierre : Que la
véritable gloire des Princes
confifte à procurer l'utilité publique, & le bonheur de leurs
Sujets ; que tous leurs intérêts
font fubordonnés à leur réputation ; & que la réputation
qu'on acquiert auprès des fages, fe mefure fur le bien que
l'on fait aux hommes ; que l'entreprife d'une Paix perpétuelle
étant la plus grande qui ait jamais été faite, eft la plus capa-

ble de couvrir fon Auteur
d'une gloire immortelle ; que
cette même entreprife étant
auffi la plus utile aux Peuples,
eft encore la plus honorable
aux Souverains ; la feule fur-
tout qui ne foit pas fouillée de
fang, de rapines, de pleurs,
de malédictions ; & qu'enfin
le plus fûr moyen de fe diftin-
guer dans la foule des Rois,
eft de travailler au bonheur
public. Ces difcours, dans les
cabinets des Miniftres, ont
couvert de ridicule l'Auteur &
fes projets : mais ne méprifons
pas comme eux fes raifons ;
& quoi qu'il en foit des vertus
des Princes, parlons de leurs
intérêts.

Toutes les Puissances de l'Europe ont des droits ou des prétentions les unes contre les autres ; ces droits ne sont pas de nature à pouvoir jamais être parfaitement éclaircis ; parce qu'il n'y a point pour en juger, de regle commune & constante, & qu'ils sont souvent fondés sur des faits équivoques ou incertains. Les différends qu'ils causent, ne sauroient non plus être jamais terminés sans retour, tant faute d'arbitre compétent, que parce que chaque Prince revient dans l'occasion sans scrupule, sur les cessions qui lui ont été arrachées par force dans des traités par les plus puissans, ou

après des guerres malheureu-
ses. C'est donc une erreur de
ne songer qu'à ses prétentions
sur les autres, & d'oublier celles
des autres sur nous, lorsqu'il
n'y a d'aucun côté ni plus de
justice ni plus d'avantage dans
les moyens de faire valoir ces
prétentions réciproques. Si-tôt
que tout dépend de la fortune,
la possession actuelle est d'un
prix que la sagesse ne permet
pas de risquer contre le profit
à venir, même à chance égale;
& tout le monde blâme un
homme à son aise, qui dans
l'espoir de doubler son bien,
l'ose risquer en un coup de dez.
Mais nous avons fait voir que
dans les projets d'agrandisse-

ment, chacun même dans le
fyftême actuel , doit trouver
une réfiftance fupérieure à fon
effort ; d'où il fuit que les plus
puiffans n'ayant aucune raifon
de jouer, ni les plus foibles aucun efpoir de profit , c'eft un
bien pour tous de renoncer à
ce qu'ils defirent , pour s'affu-
rer ce qu'ils poffedent.

Confidérons la confomma-
tion d'hommes , d'argent, de
forces de toute efpece , l'épui-
fement où la plus heureufe
guerre jette un Etat quelconque ; & comparons ce préjudice aux avantages qu'il en re-
tire , nous trouverons qu'il
perd fouvent quand il croit
gagner, & que le vainqueur,

toujours plus foible qu'avant
la guerre, n'a de confolation
que de voir le vaincu plus af-
foibli que lui; encore cet avantage eft-il moins réel qu'appa-
rent, parce que la fupériorité
qu'on peut avoir acquife fur fon
adverfaire, on l'a perdue en même tems contre les Puiffances
neutres, qui fans changer d'état
fe fortifient, par rapport à
nous, de tout notre affoibliffement.

Si tous les Rois ne font pas
revenus encore de la folie des
conquêtes, il femble au moins
que les plus fages commencent
à entrevoir qu'elles coûtent
quelquefois plus qu'elles ne va-
lent. Sans entrer à cet égard,

dans mille diftinctions qui nous meneroient trop loin, on peut dire en général qu'un Prince, qui, pour reculer fes frontieres, perd autant de fes anciens Sujets, qu'il en acquiert de nouveaux, s'affoiblit en s'agrandiffant ; parce qu'avec un plus grand efpace à défendre, il n'a pas plus de défenfeurs. Or, on ne peut ignorer que par la maniere dont la guerre fe fait aujourd'hui, la moindre dépopulation qu'elle produit eft celle qui fe fait dans les armées : c'eft bien-là la perte apparente & fenfible ; mais il s'en fait en même tems dans tout l'Etat une plus grave & plus irréparable que celle des hommes qui meurent, par ceux qui ne naiſſent pas, par l'augmentation des impôts, par l'interruption du commerce, par la déſertion des campagnes, par l'abandon de l'agriculture ; ce mal qu'on n'apperçoit point d'abord, ſe fait ſentir cruellement dans la ſuite : & c'eſt alors qu'on eſt étonné d'être ſi foible, pour s'être rendu ſi puiſſant.

Ce qui rend encore les conquêtes moins intéreſſantes, c'eſt qu'on ſçait maintenant par quels moyens on peut doubler & tripler ſa puiſſance, non-ſeulement ſans étendre ſon territoire, mais quelquefois en le reſſerrant, comme fit très-

ſagement l'Empereur Adrien.
On ſçait que ce ſont les hommes ſeuls qui font la force des
Rois ; & c'eſt une propoſition
qui découle de ce que je viens
de dire, que de deux Etats qui
nourriſſent le même nombre
d'habitans, celui qui occupe
une moindre étendue de terre,
eſt réellement le plus puiſſant.
C'eſt donc par de bonnes Loix,
par une ſage police, par de
grandes vues économiques,
qu'un Souverain judicieux eſt
ſûr d'augmenter ſes forces,
ſans rien donner au haſard. Les
véritables conquêtes qu'il fait
ſur ſes voiſins, ſont les établiſſemens plus utiles qu'il forme
dans ſes Etats ; & tous les Su-

jets de plus qui lui naiſſent, ſont autant d'ennemis qu'il tue.

Il ne faut point m'objecter ici que je prouve trop, en ce que, ſi les choſes étoient comme je les repréſente, chacun ayant un véritable intérêt de ne pas entrer en guerre, & les intérêts particuliers s'uniſſant à l'intérêt commun pour maintenir la Paix, cette Paix devroit s'établir d'elle-même, & durer toujours ſans aucune confédération ; ce ſeroit faire un fort mauvais raiſonnement dans la préſente conſtitution; car quoiqu'il fût beaucoup meilleur pour tous d'être toujours en Paix, le défaut commun de

sûreté à cet égard, fait que chacun ne pouvant s'assurer d'évi-
ter la guerre, tâche au moins
de la commencer à son avantage quand l'occasion le favo-
rise, & de prévenir un voisin,
qui ne manqueroit pas de le
prévenir à son tour, dans l'occasion contraire ; de sorte que
beaucoup de guerres, même
offensives, sont d'injustes précautions pour mettre en sûreté
son propre bien, plutôt que
des moyens d'usurper celui des
autres. Quelque salutaires que
puissent être généralement les
maximes du bien public, il est
certain, qu'à ne considérer que
l'objet qu'on regarde en Politique, & souvent même en

Morale, elles deviennent per-
nicieuſes à celui qui s'obſtine
à les pratiquer avec tout le
monde, quand perſonne ne les
pratique avec lui.

Je n'ai rien à dire ſur l'appareil des armes, parce que deſ-
titué de fondemens ſolides,
ſoit de crainte, ſoit d'eſpéran-
ce, cet appareil eſt un jeu d'en-
fans, & que les Rois ne doivent point avoir de poupées. Je
ne dis rien non plus de la gloire des Conquérans, parce que
s'il y avoit quelques monſtres
qui s'affligeaſſent uniquement
pour n'avoir perſonne à maſſa-
crer, il ne faudroit point leur
parler raiſon, mais leur ôter
les moyens d'exercer leur rage

meurtriere. La garantie de l'article troisieme ayant prévenu toutes solides raisons de guerre, on ne sçauroit avoir de motif de l'allumer contre autrui, qui ne puisse en fournir autant à autrui contre nous - mêmes; & c'est gagner beaucoup, que de s'affranchir d'un risque où chacun est seul contre tous.

Quant à la dépendance où chacun sera du Tribunal commun, il est très-clair qu'elle ne diminuera rien des droits de la souveraineté, mais les affermira au contraire, & les rendra plus assurés par l'article troisieme, en garantissant à chacun, non - seulement ses Etats contre toute invasion

étrangere ; mais encore son autorité contre toute rebellion
de ses Sujets ; ainsi les Princes
n'en seront pas moins absolus,
& leur Couronne en sera plus
assurée : de sorte qu'en se sou-
mettant au jugement de la
Diete, dans leurs démêlés d'é-
gal à égal, & s'ôtant le dange-
reux pouvoir de s'emparer du
bien d'autrui, ils ne font que
s'assurer de leurs véritables
droits, & renoncer à ceux qu'ils
n'ont pas. D'ailleurs, il y a
bien de la différence entre dé-
pendre d'autrui, ou seulement
d'un Corps dont on est mem-
bre, & dont chacun est chef à
son tour ; car en ce dernier cas
on ne fait qu'assurer sa liberté,

par les garants qu'on lui donne; elle s'aliéneroit dans les mains d'un maître, mais elle s'affermit dans celles des Associés. Ceci se confirme par l'exemple du Corps Germanique; car bien que la souveraineté de ses membres soit altérée à bien des égards par sa constitution, & qu'ils soient par conséquent dans un cas moins favorable que ne seroint ceux du Corps Européen, il n'y en a pourtant pas un seul, quelque jaloux qu'il soit de son autorité, qui voulût, quand il le pourroit, s'assurer une indépendance absolue, en se détachant de l'Empire.

Remarquez de plus que le

Corps Germanique ayant un Chef permanent, l'autorité de ce Chef doit néceſſairement tendre ſans ceſſe à l'uſurpation; ce qui ne peut arriver de même dans la Diete Européenne, où la préſidence doit être alternative, & ſans égard à l'inégalité de puiſſance.

A toutes ces conſidérations il s'en joint une autre bien plus importante encore pour des gens auſſi avides d'argent que le ſont toujours les Princes; c'eſt une grande facilité de plus d'en avoir beaucoup, par tous les avantages qui réſulteront pour leurs Peuples & pour eux, d'une Paix continuelle, & par l'exceſſive dépenſe qu'épargne

la

la réforme de l'état militaire, de ces multitudes de forteresses, & de cette énorme quantité de troupes qui absorbe leurs revenus, & devient chaque jour plus à charge à leurs Peuples & à eux-mêmes. Je sais qu'il ne convient pas à tous les Souverains de supprimer toutes leurs troupes, & de n'avoir aucune force publique en main pour étouffer une émeute inopinée, ou repousser une invasion subite. (*a*) Je sais encore qu'il y aura un contingent à fournir à la confédération, tant

_____

(*a*) Il se présente encore ici d'autres objections ; mais comme l'Auteur du Projet ne se les est pas faites, je les ai rejettées dans l'examen.

E

pour la garde des frontieres de l'Europe, que pour l'entretien de l'armée confédérative deſtinée à ſoutenir, au beſoin, les décrets de la Diete. Mais toutes ces dépenſes faites, & l'extraordinaire des Guerres à jamais ſupprimé, il reſteroit encore plus de la moitié de la dépenſe militaire ordinaire à répartir entre le ſoulagement des Sujets, & les coffres du Prince ; de ſorte que le Peuple payeroit beaucoup moins ; que le Prince, beaucoup plus riche, ſeroit en état d'exciter le Commerce, l'Agriculture, les Arts, de faire des établiſſemens utiles, qui augmenteroient encore la richeſſe du Peuple & la sienne ; & que l'Etat seroit avec cela dans une sureté beaucoup plus parfaite que celle qu'il peut tirer de ses armées, & de tout cet appareil de guerre, qui ne cesse de l'épuiser au sein de la Paix.

On dira peut-être que les Pays frontieres de l'Europe seroient alors dans une position plus désavantageuse, & pourroient avoir également des guerres à soutenir, ou avec le Turc, ou avec les Corsaires d'Afrique, ou avec les Tartares.

A cela je réponds, 1°. que ces Pays sont dans le même cas aujourd'hui, & que par conséquent ce ne seroit pas pour eux un défavantage pofitif à citer, mais feulement un avantage de moins, & un inconvénient iné-vitable, auquel leur fituation les expofe. 2°. Que, délivrés de toute inquiétude du côté de l'Europe, ils feroient beau-coup plus en état de réfifter au-dehors. 3°. Que la fuppreffion de toutes les fortereffes de l'in-térieur de l'Europe, & des frais néceffaires à leur entretien, mettroit la confédération en état d'en établir un grand nom-bre fur les frontieres, fans être à charge aux confédérés. 4°. Que ces fortereffes conf-truites, entretenues & gardées à frais communs, feroient au-tant de furetés & de moyens

d'épargne pour les Puiſſances-
frontieres, dont elle garanti-
roient les Etats. 5°. Que les
troupes de la confédération diſ-
tribuées ſur les confins de l'Europe, ſeroient toujours prê-
tes à repouſſer l'aggreſſeur.
6°. Qu'enfin, un Corps auſſi
redoutable que la République
Européenne, ôteroit aux Etrangers l'envie d'attaquer aucun
de ſes membres; comme le
Corps Germanique, infini-
ment moins puiſſant, ne laiſſe
pas de l'être aſſez pour ſe faire
reſpecter de ſes voiſins, & pro-
téger utilement tous les Princes qui le compoſent.

On pourra dire encore que
les Européens n'ayant plus de

guerres entr'eux, l'Art militaire tomberoit insensiblement dans l'oubli ; que les troupes perdroient leur courage & leur discipline ; qu'il n'y auroit plus ni Généraux ni Soldats, & que l'Europe resteroit à la merci du premier venu.

Je réponds qu'il arrivera de deux choses l'une : ou les voisins de l'Europe l'attaqueront, & lui feront la guerre, ou ils redouteront la confédération, & la laisseront en paix.

Dans le premier cas ; voilà les occasions de cultiver le génie & les talens militaires, d'aguerrir & former des troupes ; les armées de la confédération feront à cet égard l'école de

l'Europe ; on ira fur la frontie-
re apprendre la guerre ; dans le
fein de l'Europe , on jouira de
la Paix ; & l'on réunira par ce
moyen les avantages de l'une
& de l'autre. Croit-on qu'il
foit toujours nécessaire de fe
battre chez foi , pour devenir
guerrier, & les François font-
ils moins braves , parce que les
Provinces de Touraine & d'An-
jou ne font pas en guerre l'une
contre l'autre ?

Dans le fecond cas ; on ne
pourra plus s'aguerrir, il eſt
vrai , mais on n'en aura plus
befoin ; car à quoi bon s'exercer à la guerre, pour ne la faire à perſonne ? Lequel vaut
mieux, de cultiver un Art fu-

de ceux qui réfultent de la maniere actuelle de vuider les différends entre Prince & Prince
par le droit du plus fort, c'eft-
à-dire, de l'état d'impolice &
de guerre, qu'engendre néceffairement l'indépendance abfo-
lue & mutuelle de tous les
Souverains dans la fociété imparfaite qui regne entre eux
dans l'Europe. Pour qu'on foit
mieux en état de pefer ces in-
convéniens, j'en vais réfumer
en peu de mots le fommaire que
je laiffe examiner au Lecteur.

1. Nul droit affûré que celui du plus fort. 2. Change-
mens continuels & inévitables
de relations entre les Peuples,
qui empêchent aucun d'eux de

pouvoir fixer en ſes mains la force dont il jouit. 3. Point de ſûreté parfaite, auſſi long-tems que les Voiſins ne ſont pas ſoumis ou anéantis. 4. Impoſſibilité générale de les anéantir, attendu qu'en ſubjuguant les premiers, on en trouve d'autres. 5. Précautions & frais immenſes pour ſe tenir ſur ſes gardes. 6. Défaut de force & de défenſe dans les minorités & dans les révoltes ; car quand l'Etat ſe partage, qui peut ſoutenir un des Partis contre l'autre ? 7. Défaut de ſûreté dans les engagemens mutuels. 8. Jamais de juſtice à eſpérer d'autrui, ſans des fraix & des pertes immenſes, qui ne l'obtiennent pas toujours, & dont l'objet difputé ne dédommage que rarement. 9. Rifque inévitable de fes Etats, & quelquefois de fa vie, dans la pourfuite de fes droits. 10. Néceffité de prendre part, malgré foi, aux querelles de fes Voifins, & d'avoir la guerre quand on la voudroit le moins. 11. Interruption du Commerce & des reffources publiques, au moment qu'elles font le plus néceffaires. 12. Danger continuel de la part d'un Voifin puiffant, fi l'on eft foible; & d'une ligue, fi l'on eft fort. 13. Enfin inutilité de la fageffe où préfide la fortune, défolation continuelle des Peuples, affoibliffement de l'Etat dans les succès & dans les revers, impossibilité totale d'établir jamais un bon Gouvernement, de compter sur son propre bien, & de rendre heureux ni soi ni les autres.

Récapitulons de même les avantages de l'Arbitrage Européen pour les Princes confédérés.

1. Sûreté entiere, que leurs différends présens & futurs seront toujours terminés sans aucune guerre ; sûreté incomparablement plus utile pour eux que ne seroit, pour les Particuliers, celle de n'avoir jamais de procès.

2. Sujets de contestations ôtés, ou réduits à très-peu de

chofe par l'anéantiffement de toutes prétentions antérieures, qui compenfera les renoncia-tions, & affermira les poffef-fions.

3. Sûreté entiere & perpé-tuelle, & de la perfonne du Prince, & de fa Famille, & de fes Etats, & de l'ordre de fuc-ceffion fixé par les loix de cha-que pays, tant contre l'ambi-tion des Prétendans injuftes & ambitieux, que contre les ré-voltes des Sujets rebelles.

4. Sûreté parfaite de l'exé-cution de tous les engagemens réciproques entre Prince & Prince, par la garantie de la République Européenne.

5. Liberté & fûreté parfaite

& perpétuelle à l'égard du Commerce tant d'Etat à Etat, que de chaque Etat dans les régions éloignées.

6. Suppreſſion totale & perpétuelle de leur dépenſe militaire extraordinaire par terre & par mer en tems de guerre, & conſidérable diminution de leur dépenſe ordinaire en tems de paix.

7. Progrès ſenſible de l'Agriculture & de la population, des richeſſes de l'Etat & des revenus du Prince.

8. Facilité de tous les établiſſemens qui peuvent augmenter la gloire & l'autorité du Souverain, les reſſources publiques & le bonheur des Peuples.

Je laisse, comme je l'ai déja dit, au jugement des Lecteurs, l'examen de tous ces articles & la comparaison de l'état de paix qui résulte de la confédération, avec l'état de guerre qui résulte de l'impolice Européenne.

Si nous avons bien raisonné dans l'exposition de ce Projet, il est démontré; premierement, que l'établissement de la Paix perpétuelle dépend uniquement du consentement des Souverains, & n'offre point à lever d'autre difficulté que leur résistance; secondement, que cet établissement leur seroit utile de toute maniere, & qu'il n'y a nulle comparaison à faire, même pour eux, entre les in-

convéniens & les avantages ; en
troisieme lieu , qu'il est raisonnable de supposer que leur volonté s'accorde avec leur intérêt ; enfin, que cet établissement une fois formé sur le
plan proposé, seroit solide &
durable, & rempliroit parfaitement son objet. Sans doute, ce
n'est pas à dire que les Souverains adopteront ce Projet ;
(Qui peut répondre de la
raison d'autrui ?) mais seulement qu'ils l'adopteroient, s'ils
consultoient leurs vrais intérêts : car on doit bien remarquer que nous n'avons point
supposé les hommes tels qu'ils
devroient être , bons , géné-
reux, désintéressés, & aimant le

bien public par humanité; mais tels qu'ils font, injuftes, avides, & préférant leur intérêt à tout. La feule chofe qu'on leur fuppofe, c'eft affez de raifon pour voir ce qui leur eft utile, & affez de courage pour faire leur propre bonheur. Si, malgré tout cela, ce Projet demeure fans exécution, ce n'eft donc pas qu'il foit chimérique; c'eft que les hommes font infenfés, & que c'eft une forte de folie d'être fage au milieu des fous.

F I N.

I